Pratiche educative per persone autistiche

**Stesura di un piano di cura utilizzando la
psicomotricità come strumento didattico**

ScienciaScripts

Imprint

Any brand names and product names mentioned in this book are subject to trademark, brand or patent protection and are trademarks or registered trademarks of their respective holders. The use of brand names, product names, common names, trade names, product descriptions etc. even without a particular marking in this work is in no way to be construed to mean that such names may be regarded as unrestricted in respect of trademark and brand protection legislation and could thus be used by anyone.

Cover image: www.ingimage.com

This book is a translation from the original published under ISBN 978-613-9-60762-4.

Publisher:
Sciencia Scripts
is a trademark of
Dodo Books Indian Ocean Ltd. and OmniScriptum S.R.L publishing group

120 High Road, East Finchley, London, N2 9ED, United Kingdom
Str. Armeneasca 28/1, office 1, Chisinau MD-2012, Republic of Moldova, Europe

ISBN: 978-620-7-30110-2

Paula Gomes

Pratiche educative per persone autistiche

CONTENUTI

SOMMARIO

L'obiettivo di questo lavoro è quello di elaborare un piano di assistenza educativa specializzata come pratica didattica, attraverso lo studio della psicomotricità, in particolare delle abilità visuopercettive. In questo modo, speriamo di sviluppare le abilità psicomotorie visuopercettive negli studenti con disturbo dello spettro autistico, come risorsa per l'apprendimento. Abbiamo utilizzato la ricerca bibliografica come fonte per sviluppare le attività proposte nel piano. Ci siamo basati sui riferimenti della specializzazione in AEE dell'Università Federale del Semi-Arido, preparati per questo corso, su libri e articoli il cui argomento era vicino allo studio proposto. Tra gli autori figurano Bedaque (2015), Falkenbach (2010), Surian (2010), Freire (1996), il Dipartimento di Educazione Speciale e, in particolare, Fonseca (2008), il cui tema centrale è la psicomotricità e lo sviluppo dell'apprendimento. È stato utilizzato il piano modello proposto da Bedaque (2015), adattandolo alla proposta di ricerca relativa alle attività psicomotorie. I risultati di questa elaborazione sono stati descritti in dieci attività, che coprono le cinque capacità percettive visive, che sono Fonseca (2008):" Relazioni spaziali; figura di sfondo; coordinazione visuo-motoria; coerenza della forma e della posizione nello spazio. Ci auguriamo di aver contribuito con questo piano di cura a una pratica educativa ludica, organizzata come una routine, per stimolare l'apprendimento e suscitare l'interesse dell'alunno con disturbo dello spettro autistico, al fine di favorire l'insegnamento con gli insegnanti dell'aula di assistenza educativa specializzata, della classe regolare e contribuire all'attuazione di una politica di inclusione scolastica il cui interesse principale è sviluppare nell'alunno con bisogni educativi speciali il desiderio di rimanere quotidianamente nell'ambiente scolastico sulla base di nuove pratiche educative.

Parole chiave: PIANO DI CURA; DISORDINE DELLO SPETTRO AUTISTICO PSICOMOTRICITÀ.

CAPITOLO 1

INTRODUZIONE

Questo lavoro è stato concepito nella prospettiva di costruire un piano educativo assistenziale che tenga conto dell'apprendimento degli studenti con disturbo dello spettro autistico, più specificamente delle loro abilità percettivo-visive (psicomotricità). Sappiamo che l'autismo, secondo Surian (2010, p. 10), è un "disturbo dello sviluppo neuropsicologico che si manifesta attraverso difficoltà marcate e persistenti nell'interazione sociale, nella comunicazione e nel repertorio di interessi e attività". Sulla base di questo concetto, stiamo utilizzando la psicomotricità per fornire agli studenti una strategia per mantenere la loro attenzione e incoraggiare la costruzione di una routine durante le sessioni che si svolgono nelle stanze dell'assistenza educativa specializzata, utilizzando attività visuopercettive. Abbiamo pensato a questo lavoro fin dall'inizio di questa specializzazione, perché lavoro con il disturbo dello spettro autistico e una routine sviluppata dalla psicomotricità potrebbe fornire agli studenti un buon sviluppo nelle attività orientate all'apprendimento. Abbiamo formulato questo studio basandoci su ricerche bibliografiche e documentali e osservando il contesto scolastico in cui lavoriamo, sperando di favorire l'apprendimento nei bambini con autismo sviluppando un piano di cura incentrato sulle capacità percettive visive degli studenti, durante una parte delle sessioni di cura settimanali a cui partecipano. Le attività percettive visive possono suscitare nel bambino con autismo un maggiore interesse nello svolgimento dell'attività, poiché questi studenti generalmente interagiscono con gli oggetti o rimangono fissati su un oggetto più facilmente di quanto non facciano con le persone. Attraverso l'elaborazione qui proposta, gli insegnanti di ESA potranno applicarla con l'alunno e sviluppare un ulteriore mezzo di insegnamento come pratica educativa, sia con i bambini autistici che con gli altri studenti che partecipano alle attività in classe. Tra le strategie didattiche, stiamo pensando di organizzare uno spazio per favorire questa pratica educativa

3

nell'aula di Assistenza Educativa Specialistica.

Secondo Freire (1999, p. 45) "L'importante è non fermarsi al livello delle istituzioni, ma sottoporle all'analisi metodicamente rigorosa della nostra curiosità epistemologica". Abbiamo quindi cercato di indagare, nella nostra costruzione, attività che favorissero una pratica educativa ludica, la cui realtà è stabilita da attività elaborate creativamente che mirano a sviluppare l'interesse del bambino durante la loro pratica e a raggiungere in modo piacevole l'interesse dell'alunno autistico, trasformando l'ambiente scolastico con attività che coinvolgono il gioco. Per alcuni autori, il gioco e la ludicità sono la stessa cosa, ma notiamo che per Freire (1997) "il gioco contiene regole, mentre la ludicità ha un carattere casuale e intransigente" e si svolge secondo il bisogno di soddisfare il piacere di manipolare oggetti e interagire con i pensieri immaginari o reali del bambino. Vediamo nel gioco la possibilità, insieme alla psicomotricità, di attirare l'attenzione dei bambini con autismo, in quanto è presente il piacere di manipolare gli oggetti, così come il gioco è in grado di sollecitare una richiesta di interazione, o almeno di integrazione, tra l'alunno con autismo e i suoi compagni, e associato al modo ludico di giocare, rende possibile la socializzazione.

CAPITOLO 2

IL GIOCO NELLO SVILUPPO COGNITIVO DEI BAMBINI: POSSIBILITÀ PER L'INSEGNAMENTO

Analizzeremo le classificazioni del gioco secondo Piaget. Si può notare che ogni fase dello sviluppo infantile (sensomotoria, preoperativa, operativa concreta, operativa formale) è caratterizzata da un certo tipo di gioco che verrà delimitato da questo lavoro per attivare al meglio le capacità cognitive del bambino ad ogni età. Questo non ci limita ad applicarli solo in una certa fase, poiché questi giochi saranno distribuiti in base alla capacità di ciascun bambino di giocare, perché come ci dice Braga Júnior; Belchior; Santos (2015, p.13), sappiamo che:

> I disturbi dello sviluppo globale sono caratterizzati da: una compromissione grave e globale in diverse aree dello sviluppo; capacità di interazione sociale, capacità di comunicazione o comportamenti stereotipati, interessi nelle attività.

In questo modo, non potremo attenerci alle fasi precise citate da Piaget come esatte nel processo di sviluppo autistico, ma questo studio è alla ricerca di possibili organizzazioni per sviluppare meglio le attività con questi bambini all'interno del processo scolastico, rispettando la costruzione di ogni individuo come soggetto.

Tra le classificazioni, iniziamo con il gioco di movimento (da 0 a 2 anni), che si svolge più spesso durante la fase sensomotoria, in quanto è molto determinato dall'esecuzione ripetitiva di gesti motori affinché il bambino possa accogliere nuove esperienze nel suo repertorio motorio. Possiamo aggiungere che per la maggior parte della loro vita i bambini acquisiscono nuovi repertori motori, il che significa che questa fase non si estende solo ai primi anni di nascita.

Nella fase pre-operativa (da 02 a 07 anni), il gioco simbolico è molto importante in quanto il bambino si fa carico della finzione. In questa fase, il bambino tende a fare giochi di imitazione con grande piacere ed è fortemente motivato ad apprendere movimenti come saltare, saltare e correre, utilizzando la scoperta e la

5

finzione come ausili per estrapolare la propria energia e attivare le proprie capacità cognitive.

Il periodo operativo concreto (dai 7 ai 12 anni) prevede giochi di costruzione che sono classificati come una transizione tra i giochi simbolici e quelli basati sulle regole. In questa fase si sviluppano anche i giochi basati sulle regole, in cui il bambino inizia a sviluppare una costruzione socievole del gioco attraverso regole e attività in cui la cooperazione può essere utilizzata come elemento educativo, il che non lo limita dal partecipare ad attività competitive, nonostante abbia un estremo bisogno di interagire con altri bambini per entrare nella realtà sociale.

Nella fase operativa formale (dai 12 anni in su), il bambino inizia a giocare secondo le regole, attraverso pratiche molto socievoli come lo sport, le competizioni culturali, le escursioni e altre attività che permettono di sviluppare l'intelligenza interpersonale.

Ci concentreremo maggiormente sui giochi simbolici e di costruzione per pensare di realizzare attività e giochi mirati alla psicomotricità, perché riteniamo che in uno studio successivo, costruiremo nuove modalità di insegnamento ai bambini con autismo attraverso le Scale di Mediazione all'Apprendimento (Allegato 1), sessioni di disegno con gli studenti e attività che coinvolgono la psicomotricità.

Per collocare i bambini nel contesto della stimolazione delle abilità psicomotorie attraverso il gioco, possiamo utilizzare la seguente approssimazione dei fatti per renderci conto che lezioni programmate ben progettate e adattate all'età del bambino possono, attraverso la manipolazione di oggetti nel loro contenuto, essere un forte innesco per risvegliare l'interesse del bambino nei giochi proposti. Secondo Freire (1997, pag. 115): "In un contesto scolastico, il gioco proposto come mezzo per insegnare contenuti ai bambini (...) non è un gioco qualsiasi, ma un gioco trasformato in strumento pedagogico, in mezzo per insegnare".

A completamento dell'affermazione dell'autore, dobbiamo interpretare le modalità di gioco in modo da stimolare l'azione coordinativa del corpo, per raggiungere e favorire l'intelligenza del bambino, interpretandolo anche come strumento pedagogico. La psicomotricità non sarebbe un modo per costruire questo?

6

Tenendo presente che il gioco deriva dall'espressività del corpo e dalla sua possibilità di utilizzo, utilizzando il corpo per entrare attraverso attività, che coinvolgono la psicomotricità, nello stimolo cognitivo del bambino, oltre ad attenersi a tutte queste informazioni nell'elaborazione di classi che prevedono attraverso pratiche educative la psicomotricità come attivazione dei pensieri e dello sviluppo intellettuale, fisico ed educativo, ecco perché abbiamo scelto questa scienza come mezzo di insegnamento e per elaborare un piano ludico con l'interesse del bambino autistico.

La psicomotricità ha fatto molto nell'ambito dell'inclusione. Infatti, ha portato lo sguardo degli educatori a partire dal presupposto che agli studenti piace usare il proprio corpo per interagire con persone e oggetti, poiché questa scienza si occupa dello studio del movimento umano e tutti, nel loro sviluppo quotidiano, lo usano per socializzare, imparare e relazionarsi affettivamente. Secondo Fonseca (2008, p. 15), "la motricità diventa così, simultaneamente e sequenzialmente, la prima struttura di relazione e di co-relazione con l'ambiente {...}". Possiamo notare che il movimento umano è qualcosa di spontaneo, in cui scopriamo l'ambiente circostante e interagiamo con esso attraverso le possibilità di movimento. Questo tema è stato concepito per mettere in pratica l'integrazione tra l'aula AEE e la psicomotricità, propagando nella pratica didattica della scuola l'esercizio costante dello sviluppo delle abilità motorie e psicologiche negli studenti con autismo, favorendo il dinamismo in modo che, nella loro routine, possano, durante la pratica delle attività, apprendere dal gioco, in modo ludico per suscitare interesse in queste attività. Secondo Fonseca (2008, pag. 266):

> Il linguaggio non si limita al processo uditivo-verbale. Esso interiorizza o incorpora innumerevoli processi tattili, cinestetici, propriocettivi, vestibolari, posturali, somatognostici, attenzionali e, naturalmente, visivi, visuomotori, ecc. di grande importanza cognitiva.

La routine e il movimento fanno parte della vita quotidiana del bambino autistico. È interessante notare che la comunicazione o l'assenza di comunicazione verbale è una caratteristica dell'ASD (Disturbo dello Spettro Autistico) (SURIAN, 2010 pag. 10). Analizzando questo, ci rendiamo conto che la prassi delle abilità

7

percettive visive è utile per avvicinare la comunicazione verbale o non verbale allo sviluppo dell'apprendimento, utilizzando la psicomotricità come possibile risposta al processo di apprendimento negli studenti con autismo. A tal fine, stiamo pensando di sviluppare queste attività di routine in uno spazio da costruire nelle aule ESA, con oggetti che utilizzeremo in modo organizzato durante le attività psicomotorie sviluppate.

Nell'ottica di costruire conoscenze e migliorare l'apprendimento degli studenti autistici attraverso lo sviluppo di attività, ci auguriamo che questo sviluppo che prevede lo studio di compiti psicomotori con abilità visuopercettive possa migliorare il piano di assistenza educativa specializzata, specificando attraverso queste attività una routine didattica per gli studenti autistici, favorendo la conduzione di questo processo come pratica educativa teoricamente basata per fornire un ambiente scolastico democraticamente inclusivo. Riteniamo che l'uso di attività psicomotorie che coinvolgano pratiche educative ripetute e organizzate di routine all'interno di due sessioni di trenta minuti ciascuna, possa incoraggiare gli studenti con autismo a praticare le funzioni esecutive, che sono: "processi di controllo e coordinamento del funzionamento del sistema cognitivo e comprendono la capacità di spostare e mantenere l'attenzione su informazioni pertinenti per completare un compito, fare piani{...}" (SURIAN, 2010 pag. 77) che nell'autismo sono così indebolite a causa del disturbo. In questo processo di elaborazione, pensiamo all'inclusione scolastica attraverso questa strategia didattica, rispettando le abilità e gli affetti nell'interazione con gli oggetti osservati nei bambini con ASD.

Nell'ambito del processo di inclusione scolastica, abbiamo bisogno che gli studenti rimangano a scuola e partecipino in modo funzionale. Ciò richiede una nuova prospettiva, nuovi metodi di apprendimento e di insegnamento che siano in relazione con la diversa utenza scolastica.

CAPITOLO 3

BREVE STORIA DELL'AEE E DELL'EDUCAZIONE INCLUSIVA

Nel periodo precedente a Cristo, le persone con disabilità erano abbandonate e avevano due funzioni: arricchire i nobili lavorando o partecipare alle battaglie. Poiché la stragrande maggioranza delle persone disabili aveva difficoltà a svolgere queste funzioni, venivano discriminate e lasciate ai margini della società.

Nel XII secolo, durante il periodo cristiano, si cominciò a guardare alle persone disabili come a esseri dotati di anima, con sguardi di pietà, ma con la riforma protestante ricominciò la discriminazione e le persone con disabilità furono etichettate come eretiche e demonizzate.

Nel XVI secolo, durante il periodo del protestantesimo, le persone con disabilità furono scelte per pagare i peccati dell'umanità. Solo negli anni '40, con la dichiarazione dei diritti umani (1948), le scuole hanno iniziato a cambiare il loro modo di lavorare per includere tutti gli studenti.

Secondo Ropoli (2010, p. 8):

> L'educazione inclusiva vede la scuola come un luogo per tutti, in cui gli studenti costruiscono conoscenze in base alle loro capacità, esprimono liberamente le loro idee, partecipano attivamente ai compiti didattici e si sviluppano come cittadini, indipendentemente dalle loro differenze.

Riflettendo dal punto di vista delle scuole comuni inclusive, abbiamo molti passi da fare con questa affermazione. La storia, insieme ai diritti umani, ci propone di ampliare la scuola normale per renderla inclusiva, ma come far funzionare questo sistema spetta a noi professionisti ripensare e costruire una scuola per tutti.

Negli anni '60, alcune istituzioni private hanno aderito alla dichiarazione dei diritti umani e hanno iniziato ad accogliere le persone con disabilità nelle loro scuole. In questo periodo, in Brasile sono state create istituzioni filantropiche per accogliere le persone con disabilità. Dal punto di vista della filantropia, ci rendiamo conto che: "per potenziare l'assistenza educativa specializzata è necessario che tutte le azioni della scuola diventino un movimento continuo di inclusione" Bedaque (2015, p. 22), in Brasile è stata creata l'APAE (Associazione dei Genitori e degli Amici degli Eccezionali), con lo scopo di includere e integrare i disabili. Il ruolo dell'inclusione è stabilito nella scuola regolare, l'istituzione responsabile dell'accoglienza e dello sviluppo di pratiche educative per tutti. Più avanti, esamineremo un articolo della Risoluzione 04/2009 (che si allega), che spiega il ruolo delle aule ESA nelle scuole brasiliane.

Figura 1 - Differenza di paradigmi

Gli anni '90 sono stati un decennio di grande importanza per l'inclusione delle persone con disabilità nel nostro Paese. Con la Conferenza mondiale sull'educazione per tutti, il Brasile e il Ministero dell'Educazione hanno pubblicato il Piano decennale per l'educazione per tutti per il periodo 1993-2003, elaborato in ottemperanza alle risoluzioni della Conferenza. PROGRAMMA EDUCAZIONE PER TUTTI (universalizzazione dell'istruzione).

Figura 2 - Bandiera di inclusione

Nel 1990, la Dichiarazione di Jomtiem ci ha detto che: sebbene il documento evidenzi i diritti delle persone con disabilità, afferma la loro partecipazione al sistema educativo e affronta la necessità che le scuole offrano l'accesso, che per noi significa democratizzare l'istruzione e universalizzarla, renderla disponibile a tutti e garantire che rimangano a scuola.

La Dichiarazione di Salamanca (1994), anch'essa svoltasi negli anni Novanta, mirava a informare le politiche e a guidare le azioni governative e le altre istituzioni verso l'attuazione dei principi, delle politiche e delle pratiche in materia di educazione per bisogni speciali. La Convenzione interamericana per l'eliminazione di tutte le forme di discriminazione contro le persone con disabilità si è tenuta in Guatemala nel 1999.

Figura 3 - Dichiarazione di Salamanca

In Brasile, l'articolo 58 della LDBEN/1996 (Legge sugli orientamenti e le basi dell'istruzione nazionale) stabilisce che: "Per educazione speciale, ai fini della presente legge, si intende il tipo di educazione scolastica offerta in via preferenziale nella rete scolastica regolare, per gli studenti con disabilità, disturbi dello sviluppo globale e alte capacità o doti". Secondo questi termini della legge, il ruolo dello Stato brasiliano è quello di garantire che le persone con disabilità abbiano accesso e rimangano nell'istruzione ordinaria.

L'ONU (2006), da parte sua, ha elaborato la Convenzione sui diritti delle persone con disabilità, in cui si afferma che le persone con disabilità sono, prima di tutto, persone come tutte le altre, con un ruolo di primo piano, peculiarità, contraddizioni e singolarità. Questa Convenzione è stata ratificata dal decreto 186/2008, la Politica nazionale di educazione speciale del MEC (2008).

Infine, abbiamo nella storia, specificamente in Brasile, e nelle politiche di educazione speciale, la Legge Berinice Piana del 28 dicembre 2012, che stabilisce la Politica nazionale per la protezione dei diritti delle persone con disturbi dello spettro autistico. In questo estratto, la legge ci dice che:

> Art. 4 È dovere dello Stato, della famiglia, della comunità scolastica e della società assicurare il diritto all'istruzione delle persone con disturbo dello spettro autistico, in un sistema educativo inclusivo, garantendo la trasversalità dell'educazione speciale dalla prima infanzia all'istruzione superiore.

Sulla base della storia, delle convenzioni, delle risoluzioni e delle leggi, abbiamo cercato di presentare ai lettori come siamo arrivati alla produzione di questo piano di assistenza, basandoci sulla legge e cercando di integrarla con l'insegnamento attraverso nuovi modi di includere pratiche pedagogiche innovative nelle classi ESA. L'articolo 9 della Risoluzione 04/2009 stabilisce che:

> L'elaborazione e l'attuazione del piano ESA è di competenza degli insegnanti che lavorano nell'aula multifunzionale o nei centri ESA, in collaborazione con altri servizi sanitari e sociali del settore, tra gli altri.

Ci rendiamo conto che in questo lavoro stiamo cercando di concordare sulla necessità di articolare un piano di cura basato sulla scienza della psicomotricità, in modo da poter innovare le pratiche educative nelle classi ESA.

CAPITOLO 4

METODOLOGIA

Questo studio è di natura qualitativa, si basa su una ricerca bibliografica, su una costruzione/elaborazione di attività psicomotorie che coinvolgono specificamente le capacità percettive-visive da svolgere come pratica didattica nelle classi ESA, e la ricerca si basa sull'analisi documentaria e libraria. Leggendo il lavoro proposto da Falkenbach, Diesel e Oliveira (2010, p. 204), abbiamo notato che "Le sessioni si sviluppano in una routine composta dai riti di entrata e uscita e dal momento del gioco". Nel redigere questo piano di cura, utilizzeremo la routine, il momento di ingresso e il gioco come base per il programma di attività proposto. Questa ricerca sarà condotta durante le sessioni della Scuola Municipale Marineide Pereira da Cunha, situata nel comune di Mossoró - RN, con studenti con ASD (Disturbo dello Spettro Autistico) nei primi anni della scuola primaria come popolazione.

Ci siamo basati su diversi autori, come Fonseca, Falkenbach e Surian, nonché sui libri e sulle bibliografie utilizzate in questa specializzazione in Assistenza Educativa Specialistica. Di seguito descriviamo il piano con le attività mirate che coinvolgono le abilità psicomotorie come insegnamento.

CAPITOLO 5

RISULTATI/DISCUSSIONE

TABELLA DI MARCIA SUGGERITA PER IL PIANO DI ASSISTENZA EDUCATIVA SPECIALISTICA.

A. **Piano di cura:**

1- **Obiettivo:** sviluppare le abilità psicomotorie visuopercettive negli studenti con autismo come risorsa per l'apprendimento.

2- **Organizzazione del servizio:**

Periodo: da marzo a dicembre

Frequenza: due volte alla settimana

Tempo: trenta minuti

Composizione del servizio: ( ) Collettivo (x) Individuale

Altro: può essere praticato anche collettivamente.

3- **Attività da svolgere nell'assistenza agli studenti:**

ATTIVITÀ PSICOMOTORIE CHE COINVOLGONO LE CAPACITÀ PERCETTIVE VISIVE.

1-   Attività di abbinamento geometrico, effetto puzzle;

2- Attività di incastro di cerchi colorati, ogni colore rappresenta un numero, da uno a cinque (1- giallo; 2- verde; 3- rosso; 4- blu e 5 - nero).

3- Attività di inserimento di palline colorate nei barattoli con le cinque vocali (A - Blu; E - Nero; I - Verde; O - Rosso; U - Bianco).

Scatole a 4 manici di   varie dimensioni, dai DVD alle scatole di fiammiferi e altre dimensioni;

5 - Maneggiare   libri di varie dimensioni, fumetti e riviste;

6-Mettere   ogni simbolo in una scatola di dimensioni simili a quelle dell'oggetto.

Esempio: mettete le vocali EVA in una scatola, i numeri in un'altra e le figure geometriche in un'altra ancora.

7-Rimuovete   ogni simbolo dalle scatole e mettetelo in una posizione leggibile o comprensibile;

8- Quadrato magico, usarlo per disegnare figure, linee e poi chiedere allo studente

di ripetere i disegni;

9-Utilizzare fogli bianchi semplici con sfondo scuro in modo che lo studente possa

seguire i disegni suggeriti;

        10-Spostamento nell'   area designata per svolgere i compiti.

attività e osservando i libri, le riviste e le storie esplorate tatticamente durante le

lezioni.

4-Selezione dei materiali da produrre per lo studente: si possono suggerire

materiali riciclati, giocattoli alternativi.

5-Adeguatezza del   materiale: il materiale deve essere leggero, senza

pericolo di ferire lo studente quando viene lanciato, e anche adatto agli interessi

dello studente, con immagini e figure preferite scelte dagli studenti.

6-Selezione   dei materiali e delle attrezzature da acquistare: Giochi

di abbinamento con figure geometriche;

giocattoli in legno attaccati alla tavola EVA; vocali EVA; figure di disegno

stampate sui giocattoli per stimolare il gioco; riviste, fumetti, libri, scatole di varie

dimensioni;

7-Tipi di   collaborazione necessari per migliorare il servizio e la produzione

dei materiali: l'insegnante di biblioteca o qualsiasi insegnante con abilità

manuali per realizzare il materiale e la guida dell'insegnante di educazione fisica

per organizzare e realizzare i giocattoli.

8-I professionisti della   scuola che riceveranno indicazioni

dall'insegnante ESA sui servizi e le risorse offerti allo studente:

(x)   Insegnante di classe EAL

(x)   Insegnante di educazione fisica

( ) Compagni di classe

(x)   Direttore pedagogico

(x)   Equipe pedagogica ( ) Altro Quale:

4-Valutazione dei risultati

> 4- **Indicazione dei metodi di registrazione: in base ai** progressi dell'alunno
> nell'adattamento, nell'apprendimento dei numeri, dei colori, delle vocali, delle
> lettere, delle immagini, nella visualizzazione e nel riconoscimento di storie, nei
> disegni, ecc.
>
> 5- **Ristrutturazione del piano**

Fonte: Bedaque (2015, pagg. 50 - 51)

Questo piano di cura si basa sullo studio effettuato in questa ricerca sulle attività percettive visive. Il piano è modellato su quello suggerito da Bedaque.

Per Getseman apud Fonseca (2015, p. 262) esiste "l'idea che l'allenamento percettivo-visivo promuova il potenziale di apprendimento non verbale e verbale", che ci ha fatto capire quanto le abilità visuopercettive possano favorire l'apprendimento dei bambini con autismo, dal momento che la comunicazione verbale è franca e per SURIAN (2010, p. 13) "l'autismo è caratterizzato da una persistente mancanza di comunicazione".

Secondo Frostig apud Fonseca (2015, p. 282)

> È nel dialogo e nell'interazione tra informazioni visive, uditive e
> tattili-cinestetiche che il bambino impara a conoscere gli oggetti e
> le loro rispettive strutture, articolando e dinamizzando l'intero
> processo cognitivo, che a sua volta consentirà la scoperta dei loro
> attributi, proprietà e significati.

Speriamo di poter insegnare a partire dall'elaborazione ludica del gioco come costruzione cognitiva di funzioni esecutive che possano, a partire dal richiamo e dalla memoria, favorire l'apprendimento dei bambini con autismo. All'interno delle attività qui proposte, abbiamo considerato questa azione cinestetica tattile nelle attività 1, 2 e 3, attribuendo questo sviluppo cinestetico tattile a quella che chiamiamo coordinazione visuo-motoria. Sulla base di queste attività, possiamo interrogare e chiedere allo studente di "Relazioni spaziali: una competenza che consiste nella capacità di riconoscere e rilevare la posizione di dati spaziali in oggetti, figure, punti, lettere o numeri in relazione tra loro, nel loro rapporto con l'individuo" (FONSECA, 2015, p. 285). Il rapporto tra lo studente e l'ambiente esterno è concreto nelle attività qui proposte. L'approssimazione ripetuta di ciò che si vede e di ciò che si fa in modo tattico può aiutare il processo di apprendimento dello studente.

Nelle attività 4 e 5 abbiamo lavorato sulla consistenza delle forme del libro con scatole di dimensioni diverse. Abbiamo anche osservato l'intensità della forza necessaria per spostare ogni oggetto. Secondo Fonseca (2015, p. 284), il riconoscimento delle forme "avviene anche nel riconoscimento delle lettere i cui tratti sono confusi". L'utilizzo delle predilezioni dello studente nella realizzazione del materiale fa la differenza, perché questo studente rimarrà in classe e nel processo di insegnamento-apprendimento molto più spesso.

Durante le attività 6 e 7, oltre a far sì che il bambino si trovi in un ambiente delimitato dai colori delle figure, si lavorerà sulla posizione spaziale permettendo a questi studenti di organizzare l'arca ponendo ogni simbolo studiato durante la lezione all'interno di una scatola di scarpe: i numeri saranno in una scatola, le vocali e le figure geometriche saranno anch'esse in una scatola.

Nelle attività 8 e 9 abbiamo sviluppato la figura di sfondo come mezzo per insegnare a maneggiare la matita, per iniziare a scrivere utilizzando il materiale che ci aiuta in classe.

Per concludere la routine e lasciare il luogo in cui lavoriamo sulla psicomotricità, collochiamo lo studente nel luogo e nello spazio. Ancora una volta osserviamo le forme dei libri, delle riviste e dei fumetti utilizzati in classe e ci spostiamo in un'altra area dell'aula.

CAPITOLO 6

CONSIDERAZIONI FINALI

Speriamo di aver contribuito a una pratica educativa che, delucidando le capacità percettive visive degli studenti con ASD, possa aiutare a sviluppare la routine di inclusione nelle scuole ordinarie, tenendo conto di questi fattori: l'interesse degli studenti con ASD per le attività (che coinvolgono gli oggetti); il loro comportamento affettivo durante la pratica; l'interazione con gli oggetti e il favorire questa pratica come stimolo per le funzioni esecutive. Speriamo di sviluppare queste attività nelle classi ESA. Osservando il processo di apprendimento come il prodotto di tutti questi fattori, abbiamo progettato queste attività psicomotorie tenendo conto dell'organizzazione della routine nelle aule delle scuole tradizionali.

Siamo stati in grado di proporre attività che hanno coinvolto le abilità percettivo-motorie, ottenendo così i risultati attesi. A tal fine, è necessario trasformare questa costruzione in realtà, consolidando questa pratica nelle aule ESA delle scuole. Siamo partiti dalla necessità di promuovere l'inclusione nella scuola tradizionale, favorendo una pratica educativa che sviluppi l'apprendimento negli studenti con disturbi dello spettro autistico, al fine di favorire l'inclusione scolastica, osservando che "Nella prospettiva dell'educazione inclusiva, l'educazione speciale diventa parte della proposta pedagogica della scuola tradizionale{...}". BRASILE (2007). Proponiamo di sviluppare questo piano di assistenza alla scuola sulla base di questa elaborazione.

Ci auguriamo che le possibilità di osservazione da parte dei professionisti coinvolti nell'apprendimento degli studenti con autismo possano essere ampliate e che quindi possa emergere la costruzione di attività che suscitino interesse per l'ASD.

Braga Júnior; Belchior; Santos (2015, p.23):

> In generale, l'integrazione sociale di una persona con disturbo dello spettro autistico non è un processo facile, in quanto comporta il compito di inserire una persona il cui comportamento è strano e poco familiare alla maggior parte delle persone in un ambiente sociale non preparato.

Vorremmo che questo lavoro contribuisse all'ambiente scolastico e che fossimo in grado di sviluppare ogni giorno routine che contestualizzino la costruzione dell'essere, dell'apprendere e del vivere insieme per tutti gli studenti, che la scuola fosse accogliente e traboccante di un ambiente inclusivo che rispetti la diversità e unisca diversi modi di pensare. Che gli studenti con bisogni educativi speciali possano stare nell'ambiente scolastico e svilupparsi a modo loro dentro e fuori la scuola.

ALLEGATO I

ROUTINE PER PERSONE AUTISTICHE: POSSIBILITÀ DI ELABORAZIONE ATTRAVERSO SIMBOLI DI COMUNICAZIONE PITTORICA CHE FAVORISCONO L'INCLUSIONE SCOLASTICA

Paula Gomes da Silva

PRESENTAZIONE

Questo lavoro è stato scritto per essere presentato al IV SEADIS (Seminario dell'UFERSA sull'Azione Affermativa, la Diversità e l'Inclusione). Nella sua preparazione, abbiamo utilizzato le risposte dei professionisti coinvolti nella scuola, che sono direttamente responsabili della pianificazione delle lezioni con lo studente, in azione congiunta con l'AEE (Assistenza Educativa Specialistica).

Su questa base, inizieremo uno studio finalizzato allo sviluppo di attività che coinvolgano la scienza della psicomotricità in modo che, attraverso questo studio, si possa costruire un ambiente scolastico ricco di possibilità per gli studenti con autismo e per gli altri discenti. Secondo Bedaque (2015, p 13): "La promozione di una scuola per tutti, richiede la comprensione di una scuola che si occupi, riconosca e valorizzi le differenze in tutti i momenti di interazione e nelle pratiche educative". Pensiamo a una scuola regolare che accolga e metta a disposizione professionisti con formazione continua, disposti a utilizzare le loro conoscenze per costruire una scuola inclusiva".

In questo articolo, delineeremo e descriveremo lo sviluppo di un progetto di ricerca e di una metodologia, basandoci sulla ricerca-azione e sulle interviste, trascrivendo la MAS (Mediated Learning Scale) e utilizzando metodologicamente i simboli di comunicazione pittorica (PECS) come attività proposte. Abbiamo utilizzato la rassegna bibliografica e la MAS per delimitare questa sintesi estesa, e abbiamo anche utilizzato articoli per basarci teoricamente e per costruire le attività proposte. Ci auguriamo che questo lavoro consenta l'esercizio di un altro metodo da sviluppare nell'ambiente scolastico in collaborazione con l'équipe pedagogica e la sala ESA.

1. Introduzione

In questo studio è stata ideata una routine per consentire l'apprendimento di uno studente autistico di nove anni, iscritto al quarto anno di scuola primaria in una scuola della regione nord-orientale del Brasile. È stata utilizzata la versione operazionalizzata della Scala per la valutazione dell'esperienza di apprendimento mediato (EAM) (CUNHA, 2004; CUNHA; ENUMO; CANAL, 2006) per osservare la ricezione delle pratiche educative dell'insegnante, dell'insegnante intermedio e dello studente, pensiamo che da questo lavoro seguirà un articolo relativo alle pratiche educative, alla psicomotricità e all'autismo. "I disturbi dello spettro autistico (ASD) sono diagnosticati in numero crescente e anche in età sempre più precoce in Brasile" (MELLO, 2013, pag. 37). Questa realtà ci spinge a osservare, ricercare e approfondire la conoscenza delle pratiche educative che possono garantire l'integrazione di questi studenti nelle scuole. Secondo SURIAN (2010, pag. 10): "L'autismo è un disturbo dello sviluppo neuropsicologico che si manifesta con difficoltà marcate e persistenti nell'interazione sociale, nella comunicazione e nel repertorio di interessi e attività", osservando queste caratteristiche dell'autismo, abbiamo trovato un modo in cui il processo di apprendimento a scuola potrebbe essere sviluppato a partire da una routine basata sui possibili interessi dei bambini, favorendo così l'interazione sociale dello studente attraverso i simboli di comunicazione pittorica (PCS) come aiuto a questa costruzione.

All'interno del processo di inclusione scolastica, abbiamo bisogno che gli studenti rimangano a scuola e vi partecipino in modo funzionale, per questo è

20

necessario un nuovo sguardo, un nuovo apprendimento e metodi di insegnamento che correlino la diversa clientela scolastica, "l'educazione speciale dirige le sue azioni per soddisfare le specificità di questi studenti nel processo educativo e, nell'ambito di un rendimento più ampio nella scuola...". BRASIL (2008), all'interno di questo contesto inclusivo, riportato nella politica nazionale dell'educazione speciale nella prospettiva dell'educazione inclusiva, l'elaborazione della routine deve, nell'analisi di questo lavoro, rendere possibile a questo studente di inserirsi nello scenario scolastico e integrare l'attività di routine con i suoi bisogni educativi speciali, pensando insieme all'insegnante di classe e all'insegnante intermedio, al modo migliore per sviluppare questa convivialità nel processo di insegnamento e apprendimento a partire da una scala di valutazione.

2. Metodologia

La metodologia ha previsto l'applicazione di un questionario con l'insegnante intermedio e l'insegnante di classe, per lo sviluppo e l'elaborazione della routine, analizzata utilizzando la versione operazionalizzata della scala di valutazione dell'esperienza di apprendimento mediato (EAM) (CUNHA, 2004; CUNHA; ENUMO; CANAL, 2006) e l'uso di simboli di comunicazione pittorica nella costruzione e nello sviluppo della routine.

Il questionario conteneva cinque domande sull'ASD: domande sugli interessi dello studente, domande relative alla formazione continua con gli insegnanti e sulla tecnologia assistiva. È stata condotta un'analisi con l'insegnante di classe e l'insegnante intermedio sullo studente, considerando la loro mediazione con lo studente, i cui risultati sono rappresentati nel grafico della figura 1 secondo la Mediated Learning Experience Rating Scale. "MLE è il concetto principale della teoria dell'esperienza di apprendimento mediato". (CUNHA; ENUMO e CANAL, 2006). Attraverso il questionario, abbiamo cercato di analizzare il livello di reattività contingente, di

21

coinvolgimento affettivo e di cambiamento generato da questo processo di mediazione su una scala compresa tra 1 e 3. Abbiamo ipotizzato che quanto più lo studente è coinvolto nel processo di apprendimento mediato, tanto più lo è. Abbiamo ipotizzato che più lo studente è conosciuto, più ci sarà affetto e osservazione del bambino, favorendo lo sviluppo soddisfacente della routine e la sua elaborazione.

Abbiamo ideato una routine in cui abbiamo tenuto conto dell'introduzione dello studente nella scuola e della sua interazione con gli altri colleghi in classe e fuori. I simboli della comunicazione pittorica fanno parte della routine e utilizziamo anche il discorso dell'insegnante intermedio, insieme ai simboli della figura 2, per favorire l'interazione dello studente con i colleghi e i professionisti coinvolti nel processo educativo, oltre a indirizzarlo all'uso del bagno e a integrarlo nelle attività della classe, al momento della merenda e dell'intervallo. "[...] la Tecnologia Assistiva si riferisce a dispositivi adattivi per persone con disabilità con l'obiettivo di promuovere una maggiorc indipendenza per svolgere compiti che prima non erano in grado di eseguire [...]" (GONÇALVES; FURTADO, 2015, pag. 47), tra le categorie di tecnologia assistiva, la Comunicazione Alternativa esiste per fornire agli studenti con bisogni educativi speciali una risorsa che favorisca la comunicazione, che può essere costruita o ottenuta sotto forma di software, PCS e altre categorie.

3. Risultati

I risultati sono stati elaborati come segue: abbiamo realizzato un questionario e dalle cinque domande, formulate sull'ASD; domande sugli interessi dello studente nelle attività; domande relative alla formazione continua con gli insegnanti e sulla tecnologia assistiva, abbiamo analizzato le risposte e il grado di mediazione tra insegnanti e studenti secondo la Mediated Learning Experience Scale (MLE), con l'obiettivo di progettare meglio la routine in base alle risposte degli insegnanti e alla loro interazione con il bambino.

La Scala è stata di estrema importanza perché ci ha permesso di osservare il comportamento e il linguaggio del bambino, in modo da poter studiare metodi diversi dai simboli di comunicazione pittorica (PC'S) che consentono il processo di insegnamento e apprendimento per i bambini autistici.

Successivamente, esamineremo la tecnologia assistiva dei simboli della comunicazione pittorica come metodo che favorisce la vita quotidiana e trascriveremo la routine da seguire. Ricordiamo che questa pianificazione e relazione, descritta in breve, è stata realizzata con uno specifico studente del sistema scolastico comunale.

4. Figure e tabelle

FIGURA 1

Riferimento: CUNHA; ENUMO; CANAL, 2006

In FIGURA 1 - Ci siamo resi conto che l'insegnante intermedio è stato in grado di sviluppare una relazione psicosociale molto migliore con il suo studente rispetto all'insegnante di classe, quindi abbiamo considerato, sulla base del questionario, le sue risposte molto migliori rispetto all'insegnante di classe e abbiamo ottenuto un successo con lo studente. Per quanto riguarda i cambiamenti, con l'applicazione del questionario l'insegnante di classe ha iniziato a rivedere le sue pratiche e ha rivolto la sua attenzione allo studente per ricercare e interagire con l'insegnante ESA e l'insegnante intermedio, portando a un cambiamento simile nello studente come mediatore dell'apprendimento.

FIGURA 2

Nella FIGURA 2 - contenente i simboli di cui è stata elaborata la routine, segue la routine passo-passo:

Fase 1: Utilizziamo tutti i simboli 1; 2; 3; 4; 5, in modo che appena l'insegnante intermedio arriva in classe possa parlare con l'alunno della routine, verbalizzando al bambino come sarà la sua giornata mostrandogli i simboli;

Fase 2: durante la lezione, l'insegnante rimane sul simbolo 3, esemplificando la lettura e le attività sviluppate in classe;

Fase 3: nel corso della giornata, l'insegnante intermedio utilizza il simbolo 2 per incoraggiare lo studente a interagire con i colleghi e gli altri membri del personale.

Fase 4: quando il bambino deve andare in bagno, utilizzare il simbolo 1 per aiutarlo a riconoscere lo spazio in cui deve andare;

Fase 5: durante l'ora della merenda, l'insegnante mostrerà il simbolo 5;

Fase 6: durante la ricreazione o l'ora di educazione fisica, allo studente verrà mostrato il simbolo 4, che si riferisce al gioco con gli oggetti.

4. Conclusione

Pensando alla routine come alla sincronia del progetto scolastico, questa elaborazione è nata perché la mediazione tra insegnanti e studenti autistici potesse essere efficace, ci siamo resi conto che il questionario ci ha aiutato molto a costruire questa consapevolezza di una scuola inclusiva, non solo con gli studenti con bisogni educativi speciali, ma è servito anche a riprogrammare le attività dell'insegnante di classe, "Quando si parla di inclusione scolastica, l'idea che viene in mente è quella di mettere semplicemente un bambino con Disturbo dello Spettro Autistico in una scuola tradizionale, aspettandosi che inizi a imitare gli altri bambini [.(BRAGA JUNIOR; BELCHIOR e SANTOS, 2015, pag. 23). A tal fine, la proposta di routine, in quanto risposta analizzata e generata allo sviluppo degli studenti autistici, permette di rispettare le differenze e guida il modo in cui procedere per valorizzare le capacità dello studente.

Speriamo di aver raggiunto il nostro obiettivo creando una routine che fa parte del contesto scolastico e favorisce il processo di insegnamento-apprendimento degli studenti con bisogni educativi speciali, fornendo agli attori di questo processo (insegnante intermedio e insegnante di classe) gli strumenti per comprendere e valutare meglio lo sviluppo di questi studenti.

6. Parole chiave: Routine; Autismo; Tecnologia assistiva

ALLEGATO II
EDUCAZIONE FISICA SCOLASTICA, DIVERSITÀ E INCLUSIONE: PROSPETTIVE DELLE CLASSI CON PERSONE AUTISTICHE

Paula Gomes da Silva

SOMMARIO

Questo articolo riporta l'esperienza di classi ludiche con un alunno autistico, studente del secondo anno B della scuola primaria, in una scuola della regione nord-orientale del Brasile. È stata realizzata in vista di alcune prospettive di interazione e convivenza scolastica basate su una metodologia inclusiva, che permette di rispettare le diversità e le differenze che fanno leva sul discorso di una scuola comune e inclusiva. Attraverso il resoconto di esperienze in classe con uno studente autistico in una scuola tradizionale, basate su un approccio costruttivista mediato dall'insegnante di educazione fisica in una prospettiva di interazione, inclusione e gioco, questo articolo permette, nella descrizione metodologica, di riflettere sul rispetto e sulla stimolazione del corpo, all'interno delle aspettative di una scuola per tutti.

Parole chiave: Inclusione; Lezioni e giochi.

1- INTRODUZIONE

Pensando a una scuola per tutti, che permettesse l'inclusione dei bambini con autismo all'interno dei parametri di rispetto delle diversità e delle differenze, abbiamo formulato lezioni di educazione fisica che risvegliassero negli studenti, attraverso il gioco, l'inclusione di tutti nella classe 2ª B di questa scuola.

Le lezioni si sono basate su temi generati dallo studente e sviluppati con un approccio costruttivista, mediato dall'insegnante di educazione fisica, con cirandas de roda come parte del contenuto, al fine di fornire inclusione attraverso il gioco, rendendo possibile l'interazione di tutti gli studenti.

Pensando a una scuola inclusiva in cui "l'inclusione rompe con il paradigma che sostiene il conservatorismo della scuola, sfidando i sistemi educativi nelle loro fondamenta". Ropoli (2010, p.7), abbiamo deciso di utilizzare la corporeità per rendere possibile questa pratica nella prospettiva dell'inclusione.

2- Giustificazione

Rendendosi conto della necessità per gli insegnanti di pensare all'inclusione in questa scuola come fonte di ricerca e di sviluppo degli studenti, questo lavoro è stato scritto con l'obiettivo di raccontare le classi progettate per adattarsi e incoraggiare l'interazione tra i bambini, rispettando e osservando la diversità di ciascuno. All'insegnante di educazione fisica è stato affidato il compito di pianificare lezioni ricreative e inclusive.

Le pratiche corporee di interazione sono estremamente importanti, perché "le insufficienze corporee, oltre a modificare il rapporto dell'essere umano con il mondo,

26

sono anche molto importanti".

mondo si manifestano in comportamenti differenziati nelle relazioni con le persone" Falkenbach (2010). La corporeità degli studenti è stata osservata e favorita nella ricerca dello sviluppo affettivo e dell'interazione tra tutti. Il gioco ha privilegiato le attività e le esperienze corporee, basandosi sui tratti ludici che stimolano il fare dei bambini. Secondo Freire (1997, pag. 85): "Tra le risorse pedagogiche che l'educazione fisica utilizza nel suo compito di insegnamento, ce n'è una particolare, che sono le attività corporee che provengono dalla cultura del bambino". Questa osservazione è significativa per il presente lavoro, in quanto riteniamo che, sulla base dell'interesse del bambino per la corporeità, abbiamo sviluppato i giochi di cerchio e li abbiamo descritti in questa relazione.

Pensando a lezioni di educazione fisica che stimolino il pensiero nelle fasi infantili facendo interagire "il piano delle operazioni motorie e il piano delle rappresentazioni mentali", Fonseca (1999, p.39), sintetizza bene le lezioni codificate sotto uno sguardo incentrato sul movimento, sulla corporeità, come stimolatore cognitivo, rendendo possibile, attraverso attività programmate, non dissociare corpo e mente nell'insegnamento, rendendo così il corpo uno strumento di grande influenza per l'acquisizione di conoscenze nell'infanzia e l'inclusione scolastica.

3- PROBLEMA

Progettare lezioni con studenti con autismo da una prospettiva inclusiva nel tentativo di promuovere l'interazione, la conoscenza del corpo e il gioco. Cercando relazioni che, secondo Oliveira (2006), si realizzano attraverso la corporeità, che può essere compresa solo in una prospettiva di totalità. Queste classi si sono sviluppate attraverso attività che hanno coinvolto le cirandas e che hanno permesso di riconoscere il corpo attraverso il gioco e l'interazione con gli altri, un corpo visto e compreso come un insieme, composto da tutti gli studenti.

4- CONTESTO TEORICO
Con le attività di interazione, la conoscenza del corpo e i giochi di canto nelle

27

classi costruttiviste come pietra miliare, abbiamo usato alcuni libri come base per rispettare la diversità e le differenze di ogni studente e per promuovere l'inclusione. Honora (2003) spiega le varietà delle disabilità attraverso i ciranda dell'inclusione: "Dobbiamo tenere presente che nessun essere umano è uguale a un altro. Lo stesso vale per le persone con disabilità, nessuno è uguale a un altro, ciò che dobbiamo ricordare è che le particolarità individuali devono essere prese in considerazione". In quest'ottica è stato condotto uno studio sull'autismo che, secondo Surian (2014), "si manifesta fondamentalmente e riguarda la mancanza di interazione sociale adeguata all'età". Con tutta l'osservazione dei segnali comportamentali emessi dalla studentessa e ragionando sui temi da lei generati, le lezioni sono state sviluppate a partire da un approccio costruttivista che, per Darido (2000), ha come scopo "La costruzione della conoscenza". Questa costruzione è stata mediata dall'insegnante e sperimentata da tutti gli studenti del secondo anno della scuola primaria. Tutte queste idee hanno permesso di iniziare a pensare all'inclusione nelle classi di educazione fisica perché, secondo Silva e Costa (2015), "quando ci opponiamo a una scuola che segrega, è necessario pensare a una struttura scolastica che non permetta nemmeno l'emarginazione". Così, le classi sono state consolidate con la partecipazione di tutti, svolgendo il ruolo di scuola comune inclusiva. Questo discorso non conclude il lavoro futuro da fare, né si esaurisce qui, ma alimenta solo nuove prospettive nelle classi di educazione fisica per l'inclusione delle persone autistiche.

5- METODOLOGIA

Le lezioni sono tenute due giorni alla settimana, ogni sessione dura cinquanta minuti, dal professionista dell'educazione fisica. Gli studenti del 2° anno B partecipano come gruppo e l'alunno fa parte di questo corpo. Le lezioni sono mediate dall'insegnante con un approccio costruttivista, con contenuti ricchi di giochi popolari, ciranda de roda e le più diverse varianti di giochi di canto. Le lezioni si basano sull'osservazione dell'alunno autistico.

Abbiamo utilizzato lo sviluppo cognitivo del bambino come parametro per gli anni scolastici, ipotizzando che l'insegnamento avvenga all'interno della fascia d'età suggerita dalla scuola. È bene sottolineare che questa età non è stereotipata e che in classe possono esserci bambini più grandi o più piccoli. Abbiamo anche notato che l'alunno ha bisogni educativi speciali, a causa del disturbo globale dello sviluppo che è caratteristico di ogni individuo autistico, ma attraverso i suggerimenti metodologici, le situazioni di insegnamento-apprendimento sono adattabili alle condizioni avverse della classe - si tratta di osservare il contesto sociale, culturale ed economico vissuto dagli studenti, e che durante lo sviluppo dei contenuti, devono avere la loro co-partecipazione per un migliore consolidamento delle conoscenze.

6- SVILUPPO CON I RISULTATI

I piani vengono elaborati tenendo conto dei temi generati dallo studente, in una prospettiva inclusiva. I giochi sono programmati e problematizzati con il contenuto di giochi popolari, Cirandas de Roda, attività che favoriscono l'interazione di ogni persona. In termini di conoscenza del corpo, l'osservazione individuale e collettiva dello spazio che ciascuno occupa, l'intensità del toccare l'altro, lo stringere la mano, fanno conoscere il corpo, situato nel tempo, nello spazio e nella coesistenza con l'altro, permettendo l'interazione, il rispetto e l'affetto.

Secondo Oliveira (2006): "Le pratiche corporee sono inafferrabili, difficili da registrare e da comprendere, impossibili da ridurre a qualsiasi forma discorsiva che non sia quella delle pratiche stesse nel loro momento di realizzazione", ed è con questo record di corporeità in mente che abbiamo descritto questa relazione. Pensare allo sviluppo creativo e costruire insieme alla studentessa, sulla base delle sue motivazioni, la pratica corporea di tutti gli studenti della scuola.

7- CONCLUSIONE

Alla fine del periodo di lezione, ci siamo resi conto che gli studenti avevano vissuto intensamente le attività e che l'interazione, la conoscenza del corpo e le problematizzazioni generate dalla ciranda de roda hanno permesso di rispettare la diversità e le differenze, facendo capire loro che la convivenza attraverso il gioco è possibile, ampliando le prospettive di inclusione. Questo lavoro ha generato solo l'inizio, un punto di partenza dal punto di vista delle diverse prospettive che esistono nelle classi con bambini autistici. Guardare alla creatività, agli studi e al personale docente della scuola per individuare le possibilità della classe fa parte del pensiero di una scuola inclusiva. Abbiamo molto da fare per offrire ai nostri studenti una scuola per tutti.

ALLEGATO III

MINISTERO DELL'ISTRUZIONE CONSIGLIO NAZIONALE DELL'ISTRUZIONE CAMERA DELL'ISTRUZIONE DI BASE DELIBERA N. 4 DEL 2 OTTOBRE 2009 (*)

> Stabilisce le linee guida operative per l'assistenza educativa specializzata nell'istruzione di base, modalità di istruzione speciale.

Il Presidente della Camera dell'Educazione di Base del Consiglio Nazionale dell'Educazione, nell'uso delle sue attribuzioni legali, in conformità con le disposizioni dell'articolo 9(c) della Legge n. 4.024/1961, modificata dalla Legge n. 9.131/1995, così come l'articolo 90, il comma 1 dell'articolo 8 e il comma 1 dell'articolo 9 della Legge n. 9.394/1996, considerando la Costituzione Federale del 1988; la Legge n. 10.098/2000; la Legge n. 10.436/2002; la Legge n. 11.494/2007; il Decreto n. 3.956/2001; il Decreto n. 5.296/2004; il Decreto n. 5.626/2005; il Decreto n. 6.253/2007; il Decreto n. 6.571/2008; e il Decreto Legislativo n. 186/2008, e sulla base del Parere CNE/CEB n. 13/2009, ratificato con Ordinanza del Ministro dell'Istruzione, pubblicata nella Gazzetta Ufficiale del 24 settembre 2009, delibera:

Art. 1 Ai fini dell'attuazione del Decreto 6.571/2008, i sistemi educativi devono iscrivere gli studenti con disabilità, disturbi evolutivi globali e alte abilità alle classi ordinarie di istruzione regolare e all'Assistenza Educativa Specialistica (AEE), offerta in aule multifunzionali o in centri di assistenza educativa specialistica della rete pubblica o di istituzioni comunitarie, confessionali o filantropiche senza scopo di lucro.

Art. 2 La funzione dell'AEE è quella di integrare o completare l'istruzione dello studente fornendo servizi, risorse di accessibilità e strategie che eliminino gli ostacoli alla sua piena partecipazione alla società e allo sviluppo del suo apprendimento.

Paragrafo unico. Ai fini delle presenti Linee guida, si considerano risorse per l'accessibilità nell'istruzione quelle che garantiscono condizioni di accesso al programma di studi per gli studenti con disabilità o a mobilità ridotta, promuovendo l'uso di materiali di insegnamento e apprendimento, spazi, arredi e attrezzature, sistemi di comunicazione e informazione, trasporti e altri servizi.

Art. 3 L'educazione speciale si svolge a tutti i livelli, le fasi e le modalità dell'istruzione, con l'educazione speciale come parte integrante del processo educativo.

Art. 4 Ai fini delle presenti Linee guida, i destinatari dell'ESA sono considerati:

I - Studenti con disabilità: coloro che presentano disabilità fisiche, intellettuali, mentali o sensoriali di lunga durata.

II - Studenti con disturbi globali dello sviluppo: coloro che presentano alterazioni dello sviluppo neuropsicomotorio, compromissione delle relazioni sociali, della comunicazione o delle stereotipie motorie. Questa definizione include gli studenti con autismo classico, sindrome di Asperger, sindrome di Rett, disturbo disintegrativo infantile (psicosi) e disturbi invasivi senza altre specificazioni.

III - Studenti con elevate capacità/dotati: coloro che mostrano un alto potenziale e un grande coinvolgimento nelle aree della conoscenza umana, isolate o combinate: intellettuale, di leadership, psicomotoria, artistica e creativa.

(*) Risoluzione CNE/CEB 4/2009. Gazzetta ufficiale federale, Brasília, 5 ottobre 2009, sezione 1, pag. 17.

Art. 5 L'AEE si svolge, in via prioritaria, nell'aula multifunzionale della scuola stessa o in un'altra scuola di istruzione regolare, a turno inverso, e non è sostitutiva delle lezioni ordinarie, e può essere svolta anche in un centro di assistenza educativa specializzata della rete pubblica o di istituzioni comunitarie, confessionali o filantropiche senza scopo di lucro, in accordo con il Dipartimento dell'Educazione o con un organismo equivalente degli Stati, del Distretto Federale o dei Comuni.

Art. 6 Nei casi di assistenza educativa specializzata in ambiente ospedaliero o domiciliare, agli studenti sarà offerta un'educazione speciale complementare o integrativa da parte del rispettivo sistema educativo.

Art. 7 Gli studenti con alte capacità/dotati avranno le loro attività di arricchimento curriculare sviluppate nell'ambito delle scuole pubbliche regolari in interfaccia con i centri di attività per alte capacità/dotati e con gli istituti di istruzione superiore e gli istituti volti a sviluppare e promuovere la ricerca, le arti e lo sport.

Art. 8 Gli studenti iscritti alle classi ordinarie della scuola pubblica e contemporaneamente iscritti all'AEE saranno conteggiati due volte nell'ambito del FUNDEB, ai sensi del Decreto 6.571/2008.

Paragrafo unico. Il finanziamento per l'iscrizione all'ESA è subordinato all'iscrizione alla scuola pubblica regolare, come registrato nel Censimento scolastico/MEC/INEP dell'anno precedente:

a) iscrizione alla stessa scuola pubblica in un'aula ordinaria e in un'aula multifunzionale;

b) iscrizione in una classe regolare e in un'aula multifunzionale in un'altra scuola pubblica;

c) iscrizione a una classe regolare e a un centro di assistenza educativa specializzata presso un istituto pubblico di istruzione speciale;

d) iscrizione in una classe ordinaria e in un centro di assistenza educativa specializzata presso istituzioni comunitarie, confessionali o filantropiche senza scopo di lucro.

Art. 9 La preparazione e l'attuazione del piano ESA è di competenza degli insegnanti che lavorano nell'aula multifunzionale o nei centri ESA, in collaborazione con gli altri insegnanti di scuola regolare, con la partecipazione delle famiglie e in interfaccia con gli altri servizi settoriali di salute, assistenza sociale, tra gli altri necessari per il servizio.

Art. 10: Il progetto pedagogico della scuola regolare deve istituzionalizzare l'offerta di APS, anche nella sua organizzazione:

I - sala risorse multifunzionale: spazio fisico, arredi, materiali didattici, risorse pedagogiche e di accessibilità e attrezzature specifiche;

II - l'iscrizione nel SEE di studenti iscritti all'istruzione regolare presso la scuola stessa o presso un'altra scuola;

III - programma di frequenza degli studenti;

IV - Piano ESA: identificazione dei bisogni educativi specifici degli studenti, definizione delle risorse necessarie e delle attività da sviluppare;

V - insegnanti per l'insegnamento nel SEE;

VI - altri professionisti dell'educazione: traduttori e interpreti della lingua dei segni brasiliana, interpreti-guida e altri che forniscono supporto, in particolare per

33

l'alimentazione, l'igiene e le attività di mobilità;

VII - reti di supporto nell'ambito del lavoro professionale, della formazione, dello sviluppo della ricerca, dell'accesso a risorse, servizi e attrezzature, tra gli altri, che massimizzano l'ESA.

Paragrafo unico. I professionisti di cui al punto VI lavorano con gli studenti destinatari dell'educazione speciale in tutte le attività scolastiche in cui sono necessari.

Art. 11: La proposta di ESA, contenuta nel progetto pedagogico del centro di assistenza educativa specializzata pubblico o privato senza scopo di lucro, che ha sottoscritto una convenzione a tal fine, deve essere approvata dal rispettivo Dipartimento dell'Istruzione o ente equivalente, tenendo conto dell'organizzazione di cui all'articolo 10 della presente delibera. Paragrafo unico. I centri di assistenza educativa specializzata devono soddisfare i requisiti legali stabiliti dal Consiglio dell'educazione del rispettivo sistema educativo, per quanto riguarda l'accreditamento, l'autorizzazione al funzionamento e l'organizzazione, in linea con le linee guida stabilite nelle presenti Linee guida operative.

Art. 12: Per lavorare nell'AEE, gli insegnanti devono avere una formazione iniziale che li abiliti all'insegnamento e una formazione specifica per l'educazione speciale.

Art. 13: I compiti dell'insegnante di assistenza educativa specializzata sono:

I - identificare, progettare, produrre e organizzare servizi, risorse pedagogiche, accessibilità e strategie che tengano conto delle esigenze specifiche degli studenti destinatari dell'Educazione Speciale;

II - redigere e attuare un piano di assistenza educativa specialistica, valutando la funzionalità e l'applicabilità delle risorse didattiche e di accessibilità;

III - organizzare il tipo e il numero di servizi forniti agli studenti nella sala risorse multifunzionale;

IV - monitorare la funzionalità e l'applicabilità delle risorse pedagogiche e di accessibilità nella classe normale e in altri ambienti scolastici;

V - stabilire partenariati con aree intersettoriali per elaborare strategie e fornire risorse per l'accessibilità;

VI - consigliare gli insegnanti e le famiglie sulle risorse pedagogiche e di accessibilità utilizzate dallo studente;

VII - l'insegnamento e l'utilizzo di tecnologie assistive per aumentare le capacità funzionali degli studenti, promuovendo l'autonomia e la partecipazione;

VIII - collaborare con gli insegnanti delle classi ordinarie per fornire servizi, risorse pedagogiche e di accessibilità e strategie che promuovano la partecipazione degli studenti alle attività scolastiche.

IX t. 14 La presente Risoluzione entrerà in vigore alla data della sua pubblicazione, revocando qualsiasi disposizione contraria.

CESAR CALLEGARI

RIFERIMENTI BIBLIOGRAFICI

BEDAQUE, S. A. **Assistenza educativa specializzata**. Mossoró: EDUFERSA, 2015. 68p.

BRASILE. Ministero dell'Istruzione. Segreteria per l'educazione speciale. **Politica nazionale per l'educazione speciale nella prospettiva dell'educazione inclusiva**. Brasília: MEC, 2008a. Disponibile a:
<http://peei.mec.gov.br/arquivos/politica_nacional_educacao_especial.pdf>.
Consultato il 12 maggio 2017.

_____. Consiglio nazionale dell'educazione. Camera dell'istruzione di base. **Risoluzione n. 4** del 2 settembre 2009.

. Legge n. 9394 del 20 dicembre 1996. **LDBEN**. Stabilisce le linee guida e le basi dell'educazione nazionale. Gazzetta Ufficiale Federale. Brasília, n°248, 1996.

. Legge n. 12.764, del 27 dicembre 2012. Istituisce la Politica nazionale per la protezione dei diritti delle persone con disturbi dello spettro autistico. Gazzetta ufficiale federale. Brasília, DF, 28 dicembre 2012.

_____. Ministero dell'Istruzione. Segreteria per l'educazione speciale. **Politica nazionale per l'educazione speciale nella prospettiva dell'educazione inclusiva,** 2008.

BRAGA JÚNIOR, F. V.; BELCHIOR, M. S.; SANTOS, S. T. **Disturbi dello sviluppo globale e alte capacità/doti.** Mossoró: EDUFERSA, 2015. 47p.

CHICON, José Francisco. **Gioco, mediazione pedagogica e inclusione.** San Paolo: Fontoura, 2010.

CUNHA, A. C. B; ENUMO, S. R. F.; CANAL, C. P. P. **Operazionalizzazione di una scala per analizzare i modelli di mediazione materna: uno studio su diadi madre-bambino con disabilità visiva.** Revista Brasileira de Educação Especial, Marilia, v.12, n.3, p.393-412, 2006.

CUNHA, Ana C. B.; FARIAS, Iara M.; MARANHÃO, Renata V. A. **Interazione insegnante-studente con autismo nel contesto dell'educazione inclusiva: analisi del modello di mediazione dell'insegnante basato sulla teoria dell'**esperienza di apprendimento mediato. Rev. Bras. Ed. Esp., Marília-SP, v.14, n.3, p.365-384, settembre/dicembre 2008.

DARIDO, Suraya. **Educazione fisica a scuola: problemi e riflessioni.** Guanabara, 2000.

FALKENBACH, A. P.; DIESEL, D.; OLIVEIRA, L. C. Il gioco dei bambini autistici nelle sedute di psicomotricità relazionale. In: **Rev. Brasiliera de ciências do esporte.**

Campinas, v.31, p. 203-214. Gennaio 2010.

FONSECA, Denise Grosso. *Educazione fisica: dentro e oltre il movimento*. Porto Alegre: Mediação, 1999.

FONSECA, V. **Sviluppo psicomotorio e apprendimento**. Porto Alegre: Artmed, 2008. 577 p.

FREIRE, P. **Pedagogia da autonomia: saberes necessárias à prática educativa**. San Paolo

Paulo: Paz e Terra, 1996, 141p.

FREIRE, João Batista. **Educazione integrale: teoria e pratica dell'educazione fisica**. São Paulo: Scipione, 1997.

GONÇAVES, M. J.; FURTADO, U. M. **Formazione a distanza e tecnologia assistiva**.

Mossoró: EDUFERSA, 2015. 72p.

HONORA, Márcia; FRIZANCO, Mary Lopes Esteves. **Ciranda da Inclusão: chiarire le disabilità**. São Paulo: Ciranda Cultural

KLEIN, Rejane Ramos; HATTGE, Morgana Domênica (eds.). **Inclusione scolastica: implicazioni per il curriculum**. São Paulo: Paulinas, 2010.

MELLO, A. M. et al. **Ritratti dell'autismo in Brasile**. São Paulo: Gráfica da AMA, 2013.106p. (AMA - Associação de amigos do autista).

OLIVEIRA, Marcus Aurélio Taborda(org.). **Educação do corpo na escola brasileira**. Campinas, SP: Autores Associados, 2006.

ROPOLI, Edilene Aparecida. **L'educazione speciale nella prospettiva**

dell'inclusione scolastica: la scuola ordinaria inclusiva. Brasília: Ministero dell'Istruzione, Dipartimento di Educazione Speciale; Fortaleza: Università Federale del Ceará.

SILVA, Aída Maria Monteiro; COSTA, Valdelúcia Alves da Costa (eds.). **Educazione inclusiva e diritti umani: prospettive contemporanee**. São Paulo: Cortez, 2015.

SURIAN, Luca. **Autismo: informazioni essenziali per familiari, educatori e operatori sanitari**. San Paolo: Paulinas, 2010.